THE CLASSROOM TEACHER

Teacher's Journal

Copyright © 2021 Righteous Write Hand Publishing, LLC
All rights reserved.

All Scripture quotations taken from the
American Standard Version Bible unless otherwise specified.

Availability
This book is also available as a spiral notebook at
www.righteouswritehand.com

ISBN: 978-1-7363501-6-4

Dedication

I dedicate this to every School Teacher, especially substitute teachers who are doing their best to be professionally accountable and emotionally well in an ever-changing educational system. May the joy and the strength of God be with you each day as you take your post educating a generation. Know that you are called, know that you are capable, and know that you are excellent.

Introduction

This journal was created to help teachers stay organized. While we have daily routines, class agendas, program cards, and lesson plans, things don't always go the way we planned. And it takes superhuman powers to actually remember all of the changes and adjustments we made throughout a day, or need to make for future classes. So, I've created a resource just for teachers to unofficially take notes throughout the day and stay on top of anything that came up such as student behavior, student-comprehension, notes sent home to a parent, ways to better teach a lesson, parts of a lesson we didn't get to teach, etc. Teachers can refer back to these notes to know when they reached out to a particular parent about a particular issue, where they left off in a lesson, and what concepts they may need to reteach. No need to rely on your memory, students, or their workbooks. This is a quick and easy way to be professionally accountable, spiritually astute, and mentally well. This journal also includes tasks lists for homework as well as any daily administrative duties you may need to accomplish. Jotting all your reminder notes here throughout the day makes it more likely to be completed, because everything is in one place and in your line of sight throughout the day. The balance of holy scriptures and prayer declarations every other day is a sure way to nurture our spirit man. These scriptures assist in both offensive and defensive spiritual warfare as we know that the spirit world is real. This journal also includes a place for daily journaling. Building self-care into your professional routine guarantees a healthy mental state, and a fulfilling professional life. It adds years to your life, subtracts wrinkles from your appearance, and multiplies peace in your heart. Keep this book with you throughout your day and makes notes to yourself.

How To Use

This journal has a duration of 90 days. There are 6 sections in this journal. Throughout the day, keep this book nearby as you give instruction. Don't just have it sitting on a desk somewhere. Here are my suggestions for using the 6 sections of this book.

Today

This section is not to take the place of your lesson plans. However, it's a place where you can make references to your lesson plans, class agendas, classwork, and parent engagements. It's a guide to remind you when and where to move one, whether or not you completed a particular lesson in a unit, etc.

Scripture and Prayer Declarations

Refer to the daily scriptures and/or prayer declarations at the beginning of and throughout your day. Meditate on the scriptures throughout the day. Take deep breathes in, and breathe out the words to the scriptures for as little as 2 minutes during lunch or a preparation period. Also, remember, it is equally as important to personalize and say scriptures and declarations out loud. It's how we command the atmosphere around us to move in our favor, no matter what a situation looks like.

For Next Time...

This section is based on any new, innovative ideas, or approaches to pedagogy that was inspired by your classroom experience throughout the day. Write them here, and refer back to them. This way, you never let an idea, or an inspiration die. Develop them for more fulfillment in your profession. Forgetting new ideas leads to doing the same thing over and over again, repeating ineffective instruction, and using other people's ideas. But your ideas are inspired by your particular experience with your specific group of students, and that is the most effective kind of instruction; instruction that is experiential. So, don't ignore them. Record. Then, develop them.

Daily Tasks

At times, there may be additional and/or administrative tasks you may need to take care of in addition to pedagogy. With constant changes, remembering what needs to be done can be taxing. Writing these down here will free you of the worry of forgetting an important task.

Homework

There are 2 ways you can use this section, it's a good place to reference when determining which homework you actually assigned verses the ones you intended to assign. Or, you can use it to identify homeworks you intended to assign, but did not.

Journal

At the end of the day, when work is all done, free-write using the journal section, or use one of the prompts at the back of this book to assist you. Journaling is great for processing your emotions, decluttering your mind, improving memory, and overall mental health. In this section, you are prioritizing your mental health daily. Have an awesome school year!

This Classroom Teacher's Journal Belongs to

_____
(Teacher Name)

_____
(School Year)

Today's Date: _____

Today

Daily Tasks

- _____
- _____
- _____
- _____
- _____
- _____
- _____

"Is Anything too hard for Jehovah?"
-Genesis 18:14

For next time...

- _____
- _____
- _____
- _____
- _____

- _____
- _____
- _____
- _____
- _____

Daily Journal

Homework

-
-
-
-
-
-
-
-

Today's Date: _____

Today

Daily Tasks

- _____
- _____
- _____
- _____
- _____
- _____
- _____

Prayer Declaration:
I am going to have a good day today.

For next time...

- _____
- _____
- _____
- _____
- _____

- _____
- _____
- _____
- _____
- _____

Daily Journal

Homework

-
-
-
-
-
-
-
-

Today's Date: _____

Today

Daily Tasks

- _____
- _____
- _____
- _____
- _____
- _____
- _____

"Be strong and of good courage."
-Joshua 1:6

For next time...

- _____
- _____
- _____
- _____
- _____

- _____
- _____
- _____
- _____

Daily Journal

Homework

-
-
-
-
-
-
-
-

Today's Date: _____

Today

Daily Tasks

- _____
- _____
- _____
- _____
- _____
- _____
- _____

Prayer Declaration:
I walk in favor
with God.

For next time...

- _____
- _____
- _____
- _____
- _____

- _____
- _____
- _____
- _____
- _____

Daily Journal

Homework

-
-
-
-
-
-
-
-

Today's Date: _____

Today

Daily Tasks

- _____
- _____
- _____
- _____
- _____
- _____
- _____

"...I am fearfully, and wonderfully made..."
-Psalms 139:14

For next time...

- _____
- _____
- _____
- _____
- _____

- _____
- _____
- _____
- _____

Daily Journal

Homework

-
-
-
-
-
-
-
-

Today's Date: _____

Today

Daily Tasks

- _____
- _____
- _____
- _____
- _____
- _____
- _____

Prayer Declaration:
I have favor with man.

For next time...

- _____
- _____
- _____
- _____
- _____

- _____
- _____
- _____
- _____

Daily Journal

Homework

-
-
-
-
-
-
-
-

Today's Date: _____

Today

Daily Tasks

- _____
- _____
- _____
- _____
- _____
- _____
- _____

"I can do all things in him that strengtheneth me."
-Philippians 4:13

For next time...

- _____
- _____
- _____
- _____
- _____

- _____
- _____
- _____
- _____
- _____

Daily Journal

Homework

-
-
-
-
-
-
-
-

Today's Date: _____

Today

Daily Tasks

- _____
- _____
- _____
- _____
- _____
- _____
- _____

Prayer Declaration:
The strength of God is rising up in me.

For next time...

- _____
- _____
- _____
- _____
- _____

- _____
- _____
- _____
- _____
- _____

Daily Journal

Homework

-
-
-
-
-
-
-
-

Today's Date: _____

Today

Daily Tasks

- _____
- _____
- _____
- _____
- _____
- _____
- _____

"...whatsoever ye do, do all to the glory of God"
-1 Corinthians 10:31

For next time...

- _____
- _____
- _____
- _____
- _____

- _____
- _____
- _____
- _____
- _____

Daily Journal

Homework

-
-
-
-
-
-
-
-

Today's Date: _____

Today

Daily Tasks

- _____
- _____
- _____
- _____
- _____
- _____
- _____

Prayer Declaration:
Today, I will live in love.

For next time...

- _____
- _____
- _____
- _____
- _____

- _____
- _____
- _____
- _____
- _____

Daily Journal

Homework

-
-
-
-
-
-
-
-

Today's Date: _____

Today

Daily Tasks

- _____
- _____
- _____
- _____
- _____
- _____
- _____

"... love thy neighbor as thyself."
-Mark 12:31

For next time...

- _____
- _____
- _____
- _____
- _____

- _____
- _____
- _____
- _____
- _____

Daily Journal

Homework

-
-
-
-
-
-
-
-

Today's Date: _____

Today

Daily Tasks

- _____
- _____
- _____
- _____
- _____
- _____
- _____

Prayer Declaration:
The Lord has gone before me.

For next time...

- _____
- _____
- _____
- _____
- _____

- _____
- _____
- _____
- _____

Daily Journal

Homework

-
-
-
-
-
-
-
-

Today's Date: _____

Today

Daily Tasks

- _____
- _____
- _____
- _____
- _____
- _____
- _____

"But let all things be done decently and in order."
-1 Corinthians 14:40

For next time...

- _____
- _____
- _____
- _____
- _____

- _____
- _____
- _____
- _____
- _____

Daily Journal

Homework

-
-
-
-
-
-
-
-

Today's Date: _____

Today

Daily Tasks

- _____
- _____
- _____
- _____
- _____
- _____
- _____

Prayer Declaration:
Victory is my portion.

For next time...

- _____
- _____
- _____
- _____
- _____

- _____
- _____
- _____
- _____
- _____

Daily Journal

Homework

-
-
-
-
-
-
-
-

Today's Date: _____

Today

Daily Tasks

- _____
- _____
- _____
- _____
- _____
- _____
- _____

"Be not deceived: Evil companionships corrupt good morals."
-1 Corinthians 15:33

For next time...

- _____
- _____
- _____
- _____
- _____

- _____
- _____
- _____
- _____
- _____

Daily Journal

Homework

-
-
-
-
-
-
-
-

Today's Date: _____

Today

Daily Tasks

- _____
- _____
- _____
- _____
- _____
- _____
- _____

Prayer Declaration:
The joy of the Lord
is my strength.

For next time...

- _____
- _____
- _____
- _____
- _____

- _____
- _____
- _____
- _____
- _____

Daily Journal

Homework

-
-
-
-
-
-
-
-

Today's Date: _____

Today

Daily Tasks

- _____
- _____
- _____
- _____
- _____
- _____
- _____

"Don't worry about anything; instead, pray about everything. Tell God what you need, and thank him for all he has done."
-Philippians 4:6 (NLT)

For next time...

- _____
- _____
- _____
- _____
- _____

- _____
- _____
- _____
- _____
- _____

Daily Journal

Homework

-
-
-
-
-
-
-
-

Today's Date: _____

Today

Daily Tasks

- _____
- _____
- _____
- _____
- _____
- _____
- _____

Prayer Declaration:
I am seated in heavenly places.

For next time...

- _____
- _____
- _____
- _____
- _____

- _____
- _____
- _____
- _____
- _____

Daily Journal

Homework

-
-
-
-
-
-
-
-

Today's Date: _____

Today

Daily Tasks

- _____
- _____
- _____
- _____
- _____
- _____
- _____

"Thou wilt keep him in perfect peace, whose mind is stayed on thee; because he trusteth in thee."
-Isaiah 26:3

For next time...

- _____
- _____
- _____
- _____
- _____

- _____
- _____
- _____
- _____

Daily Journal

Homework

-
-
-
-
-
-
-
-

Today's Date: _____

Today

Daily Tasks

- _____
- _____
- _____
- _____
- _____
- _____
- _____

Prayer Declaration:
Today, I will see God, and move with Him.

For next time...

- _____
- _____
- _____
- _____
- _____

- _____
- _____
- _____
- _____
- _____

Daily Journal

Homework

-
-
-
-
-
-
-
-

Today's Date: _____

Today

Daily Tasks

- _____
- _____
- _____
- _____
- _____
- _____
- _____

"David strengthened himself in Jehovah his God."
-1 Samuel 30:6

For next time...

- _____
- _____
- _____
- _____
- _____

- _____
- _____
- _____
- _____
- _____

Daily Journal

Homework

-
-
-
-
-
-
-
-

Today's Date: _____

Today

Daily Tasks

- _____
- _____
- _____
- _____
- _____
- _____
- _____

Prayer Declaration:
Today, I will advance against all my obstacles.

For next time...

- _____
- _____
- _____
- _____
- _____

- _____
- _____
- _____
- _____
- _____

Daily Journal

Homework

-
-
-
-
-
-
-
-

Today's Date: _____

Today

Daily Tasks

- _____
- _____
- _____
- _____
- _____
- _____
- _____

"...greater is He that is in you than he that is in the world."
-1 John 4:4

For next time...

- _____
- _____
- _____
- _____
- _____

- _____
- _____
- _____
- _____

Daily Journal

Homework

-
-
-
-
-
-
-
-

Today's Date: _____

Today

Daily Tasks

- _____
- _____
- _____
- _____
- _____
- _____
- _____

Prayer Declaration:
Today will be filled with wins.

For next time...

- _____
- _____
- _____
- _____
- _____

- _____
- _____
- _____
- _____
- _____

Daily Journal

Homework

-
-
-
-
-
-
-
-

Today's Date: _____

Today

Daily Tasks

- _____
- _____
- _____
- _____
- _____
- _____
- _____

"...his divine power hath granted unto us all things that pertain unto life and godliness, through the knowledge of him that called us by his own glory and virtue;"
-2 Peter 1:3

For next time...

- _____
- _____
- _____
- _____
- _____

- _____
- _____
- _____
- _____
- _____

Daily Journal

Homework

-
-
-
-
-
-
-
-

Today's Date: _____

Today

Daily Tasks

- _____
- _____
- _____
- _____
- _____
- _____
- _____

Prayer Declaration:
Today, I choose to walk in the confidence of God.

For next time...

- _____
- _____
- _____
- _____
- _____

- _____
- _____
- _____
- _____

Daily Journal

Homework

-
-
-
-
-
-
-
-

Today's Date: _____

Today

Daily Tasks

- _____
- _____
- _____
- _____
- _____
- _____
- _____

"Arise, shine; for thy light is come, and the glory of Jehovah is risen upon thee."
-Isaiah 60:1

For next time...

- _____
- _____
- _____
- _____
- _____

- _____
- _____
- _____
- _____
- _____

Daily Journal

Homework

-
-
-
-
-
-
-
-

Today's Date: _____

Today

Daily Tasks

- _____
- _____
- _____
- _____
- _____
- _____
- _____

Prayer Declaration:
Today, I will not shrink back.

For next time...

- _____
- _____
- _____
- _____
- _____

- _____
- _____
- _____
- _____
- _____

Daily Journal

Homework

-
-
-
-
-
-
-
-

Today's Date: _____

Today

Daily Tasks

- _____
- _____
- _____
- _____
- _____
- _____
- _____

"...we are more than conquerors through him that loved us."
-Romans 8:37

For next time...

- _____
- _____
- _____
- _____
- _____

- _____
- _____
- _____
- _____
- _____

Daily Journal

Homework

-
-
-
-
-
-
-
-

Today's Date: _____

Today

Daily Tasks

- _____
- _____
- _____
- _____
- _____
- _____
- _____

Prayer Declaration:
Today, I will speak boldly.

For next time...

- _____
- _____
- _____
- _____
- _____

- _____
- _____
- _____
- _____
- _____

Daily Journal

Homework

-
-
-
-
-
-
-
-

Today's Date: _____

Today

Daily Tasks

- _____
- _____
- _____
- _____
- _____
- _____
- _____

"...by my God do I leap over a wall"
- Psalms 18:29

For next time...

- _____
- _____
- _____
- _____
- _____

- _____
- _____
- _____
- _____
- _____

Daily Journal

Homework

-
-
-
-
-
-
-
-

Today's Date: _____

Today

Daily Tasks

- _____
- _____
- _____
- _____
- _____
- _____
- _____

Prayer Declaration:
Today, I will act courageously.

For next time...

- _____
- _____
- _____
- _____
- _____

- _____
- _____
- _____
- _____
- _____

Daily Journal

Homework

-
-
-
-
-
-
-
-

Today's Date: _____

Today

Daily Tasks

- _____
- _____
- _____
- _____
- _____
- _____
- _____

"The eyes of Jehovah are toward the righteous, And his ears are open unto their cry."
-Psalms 34:15

For next time...

- _____
- _____
- _____
- _____
- _____

- _____
- _____
- _____
- _____
- _____

Daily Journal

Homework

-
-
-
-
-
-
-
-

Today's Date: _____

Today

Daily Tasks

- _____
- _____
- _____
- _____
- _____
- _____
- _____

Prayer Declaration:
Today, I will not be influenced by intimidation.

For next time...

- _____
- _____
- _____
- _____
- _____

- _____
- _____
- _____
- _____
- _____

Daily Journal

Homework

-
-
-
-
-
-
-
-

Today's Date: _____

Today

Daily Tasks

- _____
- _____
- _____
- _____
- _____
- _____
- _____

"...My grace is sufficient for thee: for my power is made perfect in weakness..."
-2 Corinthians 12:9

For next time...

- _____
- _____
- _____
- _____
- _____

- _____
- _____
- _____
- _____
- _____

Daily Journal

Homework

-
-
-
-
-
-
-
-

Today's Date: _____

Today

Daily Tasks

- _____
- _____
- _____
- _____
- _____
- _____
- _____

Prayer Declaration:
Today, I will not be timid.

For next time...

- _____
- _____
- _____
- _____
- _____

- _____
- _____
- _____
- _____
- _____

Daily Journal

Homework

-
-
-
-
-
-
-
-

Today's Date: _____

Today

Daily Tasks

- _____
- _____
- _____
- _____
- _____
- _____
- _____

"Oh give thanks unto Jehovah; for He is good; For His loving kindness endureth forever."
-Psalms 118:1

For next time...

- _____
- _____
- _____
- _____
- _____

- _____
- _____
- _____
- _____

Daily Journal

Homework

-
-
-
-
-
-
-
-

Today's Date: _____

Today

Daily Tasks

- _____
- _____
- _____
- _____
- _____
- _____
- _____

Prayer Declaration:
Today, I will move against fear.

For next time...

- _____
- _____
- _____
- _____
- _____

- _____
- _____
- _____
- _____
- _____

Daily Journal

Homework

Today's Date: _____

Today

Daily Tasks

- _____
- _____
- _____
- _____
- _____
- _____
- _____

"...no word from God shall be void of power."
-Luke 1:37

For next time...

- _____
- _____
- _____
- _____
- _____

- _____
- _____
- _____
- _____
- _____

Daily Journal

Homework

-
-
-
-
-
-
-
-

Today's Date: _____

Today

Daily Tasks

- _____
- _____
- _____
- _____
- _____
- _____
- _____

Prayer Declaration:
I am doing my best, and its enough.

For next time...

- _____
- _____
- _____
- _____
- _____

- _____
- _____
- _____
- _____
- _____

Daily Journal

Homework

-
-
-
-
-
-
-
-

Today's Date: _____

Today

Daily Tasks

- _____
- _____
- _____
- _____
- _____
- _____
- _____

"...with all prayer and supplication praying at all seasons in the Spirit..."
-Ephesians 6:18

For next time...

- _____
- _____
- _____
- _____
- _____

- _____
- _____
- _____
- _____
- _____

Daily Journal

Homework

-
-
-
-
-
-
-
-

Today's Date: _____

Today

Daily Tasks

- _____
- _____
- _____
- _____
- _____
- _____
- _____

Prayer Declaration:
No matter what,
God loves me.

For next time...

- _____
- _____
- _____
- _____
- _____

- _____
- _____
- _____
- _____
- _____

Daily Journal

Homework

-
-
-
-
-
-
-
-

Today's Date: _____

Today

Daily Tasks

- _____
- _____
- _____
- _____
- _____
- _____
- _____

"in everything give thanks: for this is the will of God in Christ Jesus to you-ward"
-1 Thessalonians 5:18"

For next time...

- _____
- _____
- _____
- _____
- _____

- _____
- _____
- _____
- _____
- _____

Daily Journal

Homework

-
-
-
-
-
-
-
-

Today's Date: _____

Today

Daily Tasks

- _____
- _____
- _____
- _____
- _____
- _____
- _____

Prayer Declaration:
Things change,
but God's love will
remain the same.

For next time...

- _____
- _____
- _____
- _____
- _____

- _____
- _____
- _____
- _____
- _____

Daily Journal

Homework

-
-
-
-
-
-
-
-

Today's Date: _____

Today

Daily Tasks

- _____
- _____
- _____
- _____
- _____
- _____
- _____

"Rejoice always"
-1 Thessalonians 5:16
(ASV)

For next time...

- _____
- _____
- _____
- _____
- _____

- _____
- _____
- _____
- _____
- _____

Daily Journal

Homework

-
-
-
-
-
-
-
-

Today's Date: _____

Today

Daily Tasks

- _____
- _____
- _____
- _____
- _____
- _____
- _____

"Pray without ceasing"
-1 Thessalonians
5:17 (ASV)

For next time...

- _____
- _____
- _____
- _____
- _____

- _____
- _____
- _____
- _____
- _____

Daily Journal

Homework

-
-
-
-
-
-
-
-

Today's Date: _____

Today

Daily Tasks

- _____
- _____
- _____
- _____
- _____
- _____
- _____

"...Wonderful
are thy works; And
that my soul knoweth
right well."
-Psalms 139:14

For next time...

- _____
- _____
- _____
- _____
- _____

- _____
- _____
- _____
- _____
- _____

Daily Journal

Homework

-
-
-
-
-
-
-
-

Today's Date: _____

Today

Daily Tasks

- _____
- _____
- _____
- _____
- _____
- _____
- _____

Prayer Declaration:
The Lord refreshes my soul.

For next time...

- _____
- _____
- _____
- _____
- _____

- _____
- _____
- _____
- _____
- _____

Daily Journal

Homework

-
-
-
-
-
-
-
-

Today's Date: _____

Today

Daily Tasks

- _____
- _____
- _____
- _____
- _____
- _____
- _____

"For I know the plans I have for you," says the Lord. "They are plans for good and not for disaster, to give you a future and a hope."
-Jeremiah 29:11 NLT

For next time...

- _____
- _____
- _____
- _____
- _____

- _____
- _____
- _____
- _____
- _____

Daily Journal

Homework

-
-
-
-
-
-
-
-

Today's Date: _____

Today

Daily Tasks

- _____
- _____
- _____
- _____
- _____
- _____
- _____

Prayer Declaration:
The Lord is my shepherd, I shall not want.

For next time...

- _____
- _____
- _____
- _____
- _____

- _____
- _____
- _____
- _____
- _____

Daily Journal

Homework

Today's Date: _____

Today

Daily Tasks

- _____
- _____
- _____
- _____
- _____
- _____
- _____

"He giveth power to the faint; and to him that hath no might he increaseth strength."
-Isaiah 40:29

For next time...

- _____
- _____
- _____
- _____
- _____

- _____
- _____
- _____
- _____
- _____

Daily Journal

Homework

Today's Date: _____

Today

Daily Tasks

- _____
- _____
- _____
- _____
- _____
- _____
- _____

Prayer Declaration:
I am the righteousness of God.

For next time...

- _____
- _____
- _____
- _____
- _____

- _____
- _____
- _____
- _____
- _____

Daily Journal

Homework

Today's Date: _____

Today

Daily Tasks

- _____
- _____
- _____
- _____
- _____
- _____
- _____

"For God gave us not a spirit of fearfulness; but of power and love and discipline."
-1 Timothy 1:7

For next time...

- _____
- _____
- _____
- _____
- _____

- _____
- _____
- _____
- _____
- _____

Daily Journal

Homework

-
-
-
-
-
-
-
-

Today's Date: _____

Today

Daily Tasks

- _____
- _____
- _____
- _____
- _____
- _____
- _____

Prayer Declaration:
God is making a victorious way for me.

For next time...

- _____
- _____
- _____
- _____
- _____

- _____
- _____
- _____
- _____
- _____

Daily Journal

Homework

-
-
-
-
-
-
-
-

Today's Date: _____

Today

Daily Tasks

- _____
- _____
- _____
- _____
- _____
- _____
- _____

"but they that wait for Jehovah shall renew their strength; they shall mount up with wings as eagles; they shall run, and not be weary; they shall walk, and not faint."
-Isaiah 40:31

For next time...

- _____
- _____
- _____
- _____
- _____

- _____
- _____
- _____
- _____

Daily Journal

Homework

-
-
-
-
-
-
-
-

Today's Date: _____

Today

Daily Tasks

- _____
- _____
- _____
- _____
- _____
- _____
- _____

Prayer Declaration:
The Lord will never leave me.

For next time...

- _____
- _____
- _____
- _____
- _____

- _____
- _____
- _____
- _____
- _____

Daily Journal

Homework

-
-
-
-
-
-
-
-

Today's Date: _____

Today

Daily Tasks

- _____
- _____
- _____
- _____
- _____
- _____
- _____

"Do not let your hearts
be troubled..."
-John 14:1

For next time...

- _____
- _____
- _____
- _____
- _____

- _____
- _____
- _____
- _____
- _____

Daily Journal

Homework

-
-
-
-
-
-
-
-

Today's Date: _____

Today

Daily Tasks

- _____
- _____
- _____
- _____
- _____
- _____
- _____

Prayer Declaration:
God has plans to prosper me.

For next time...

- _____
- _____
- _____
- _____
- _____

- _____
- _____
- _____
- _____
- _____

Daily Journal

Homework

-
-
-
-
-
-
-
-

Today's Date: _____

Today

Daily Tasks

- _____
- _____
- _____
- _____
- _____
- _____
- _____

"And which of you by being anxious can add one cubit unto the measure of his life?"
-Matthew 6:27

For next time...

- _____
- _____
- _____
- _____
- _____

- _____
- _____
- _____
- _____
- _____

Daily Journal

Homework

-
-
-
-
-
-
-
-

Today's Date: _____

Today

Daily Tasks

- _____
- _____
- _____
- _____
- _____
- _____
- _____

Prayer Declaration:
I surrender to the purposes of God.

For next time...

- _____
- _____
- _____
- _____
- _____

- _____
- _____
- _____
- _____
- _____

Daily Journal

Homework

-
-
-
-
-
-
-
-

Today's Date: _____

Today

Daily Tasks

- _____
- _____
- _____
- _____
- _____
- _____
- _____

"But seek ye first his kingdom, and his righteousness; and all these things shall be added unto you."
-Matthew 6:33

For next time...

- _____
- _____
- _____
- _____
- _____

- _____
- _____
- _____
- _____
- _____

Daily Journal

Homework

-
-
-
-
-
-
-
-

Today's Date: _____

Today

Daily Tasks

- _____
- _____
- _____
- _____
- _____
- _____
- _____

Prayer Declaration:
I will stand firm in the Lord.

For next time...

- _____
- _____
- _____
- _____
- _____

- _____
- _____
- _____
- _____
- _____

Daily Journal

Homework

-
-
-
-
-
-
-
-

Today's Date: _____

Today

Daily Tasks

- _____
- _____
- _____
- _____
- _____
- _____
- _____

"Be not therefore anxious for the morrow: for the morrow will be anxious for itself. Sufficient unto the day is the evil thereof."
-Matthew 6:34

For next time...

- _____
- _____
- _____
- _____
- _____

- _____
- _____
- _____
- _____
- _____

Daily Journal

Homework

-
-
-
-
-
-
-
-

Today's Date: _____

Today

Daily Tasks

- _____
- _____
- _____
- _____
- _____
- _____
- _____

Prayer Declaration:
I will walk in courage today, for the Lord is my strength.

For next time...

- _____
- _____
- _____
- _____
- _____

- _____
- _____
- _____
- _____
- _____

Daily Journal

Homework

-
-
-
-
-
-
-
-

Today's Date: _____

Today

Daily Tasks

- _____
- _____
- _____
- _____
- _____
- _____
- _____

"I sought Jehovah, and he answered me, And delivered me from all my fears."
-Psalms 34:4

For next time...

- _____
- _____
- _____
- _____
- _____

- _____
- _____
- _____
- _____
- _____

Daily Journal

Homework

-
-
-
-
-
-
-
-

Today's Date: _____

Today

Daily Tasks

- _____
- _____
- _____
- _____
- _____
- _____
- _____

Prayer Declaration:
I will not be fearful today, the Lord is with me.

For next time...

- _____
- _____
- _____
- _____
- _____

- _____
- _____
- _____
- _____
- _____

Daily Journal

Homework

Today's Date: _____

Today

Daily Tasks

- _____
- _____
- _____
- _____
- _____
- _____
- _____

"When anxiety was great within me, your consolation brought me joy."
-Psalms 94:19

For next time...

- _____
- _____
- _____
- _____
- _____

- _____
- _____
- _____
- _____

Daily Journal

Homework

-
-
-
-
-
-
-
-

Today's Date: _____

Today

Daily Tasks

- _____
- _____
- _____
- _____
- _____
- _____
- _____

Prayer Declaration:
Today is going to be a blessed day.

For next time...

- _____
- _____
- _____
- _____
- _____

- _____
- _____
- _____
- _____
- _____

Daily Journal

Homework

-
-
-
-
-
-
-
-

Today's Date: _____

Today

Daily Tasks

- _____
- _____
- _____
- _____
- _____
- _____
- _____

"Jehovah will perfect that which concerneth me."
-Psalms 138:8

For next time...

- _____
- _____
- _____
- _____
- _____

- _____
- _____
- _____
- _____
- _____

Daily Journal

Homework

Today's Date: _____

Today

Daily Tasks

- _____
- _____
- _____
- _____
- _____
- _____
- _____

Prayer Declaration:
I am more than
a conqueror.

For next time...

- _____
- _____
- _____
- _____
- _____

- _____
- _____
- _____
- _____
- _____

Daily Journal

Homework

-
-
-
-
-
-
-
-

Today's Date: _____

Today

Daily Tasks

- _____
- _____
- _____
- _____
- _____
- _____
- _____

"Thy lovingkindness, O Jehovah, endureth for ever."
-Psalms 138:8

For next time...

- _____
- _____
- _____
- _____
- _____

- _____
- _____
- _____
- _____
- _____

Daily Journal

Homework

Today's Date: _____

Today

Daily Tasks

- _____
- _____
- _____
- _____
- _____
- _____
- _____

Prayer Declaration:
I am capable.

For next time...

- _____
- _____
- _____
- _____
- _____

- _____
- _____
- _____
- _____
- _____

Daily Journal

Homework

-
-
-
-
-
-
-
-

Today's Date: _____

Today

Daily Tasks

- _____
- _____
- _____
- _____
- _____
- _____
- _____

"Trust in Jehovah with all thy heart, And lean not upon thine own understanding."
-Proverbs 3:5

For next time...

- _____
- _____
- _____
- _____
- _____

- _____
- _____
- _____
- _____
- _____

Daily Journal

Homework

-
-
-
-
-
-
-
-

Today's Date: _____

Today

Daily Tasks

- _____
- _____
- _____
- _____
- _____
- _____
- _____

Prayer Declaration:
I am enough.

For next time...

- _____
- _____
- _____
- _____
- _____

- _____
- _____
- _____
- _____
- _____

Daily Journal

Homework

Today's Date: _____

Today

Daily Tasks

- _____
- _____
- _____
- _____
- _____
- _____
- _____

"In all thy ways acknowledge him, And he will direct thy paths."
-Proverbs 3:6

For next time...

- _____
- _____
- _____
- _____
- _____

- _____
- _____
- _____
- _____
- _____

Daily Journal

Homework

-
-
-
-
-
-
-
-

Today's Date: _____

Today

Daily Tasks

- _____
- _____
- _____
- _____
- _____
- _____
- _____

Prayer Declaration:
I have everything
I need to succeed
in my life.

For next time...

- _____
- _____
- _____
- _____
- _____

- _____
- _____
- _____
- _____
- _____

Daily Journal

Homework

-
-
-
-
-
-
-
-

Today's Date: _____

Today

Daily Tasks

- _____
- _____
- _____
- _____
- _____
- _____
- _____

"Blessed is the man that trusteth in Jehovah, and whose trust Jehovah is."
– Jeremiah 17:7

For next time...

- _____
- _____
- _____
- _____
- _____

- _____
- _____
- _____
- _____
- _____

Daily Journal

Homework

-
-
-
-
-
-
-
-

Today's Date: _____

Today

Daily Tasks

- _____
- _____
- _____
- _____
- _____
- _____
- _____

Prayer Declaration:
Today, I will rise to any occasion.

For next time...

- _____
- _____
- _____
- _____
- _____

- _____
- _____
- _____
- _____
- _____

Daily Journal

Homework

-
-
-
-
-
-
-
-

Today's Date: _____

Today

Daily Tasks

- _____
- _____
- _____
- _____
- _____
- _____
- _____

"Come unto me, all ye that labor and are heavy laden, and I will give you rest."
-Matthew 11:28

For next time...

- _____
- _____
- _____
- _____
- _____

- _____
- _____
- _____
- _____
- _____

Daily Journal

Homework

-
-
-
-
-
-
-
-

Today's Date: _____

Today

Daily Tasks

- _____
- _____
- _____
- _____
- _____
- _____
- _____

Prayer Declaration:
God is great in me.

For next time...

- _____
- _____
- _____
- _____
- _____

- _____
- _____
- _____
- _____
- _____

Daily Journal

Homework

-
-
-
-
-
-
-
-

Today's Date: _____

Today

Daily Tasks

- _____
- _____
- _____
- _____
- _____
- _____
- _____

"Jehovah is my shepherd;
I shall not want."
-Psalms 23:1

For next time...

- _____
- _____
- _____
- _____
- _____

- _____
- _____
- _____
- _____

Daily Journal

Homework

-
-
-
-
-
-
-
-

Today's Date: _____

Today

Daily Tasks

- _____
- _____
- _____
- _____
- _____
- _____
- _____

Prayer Declaration:
I can do all things through Christ who strengthens me.

For next time...

- _____
- _____
- _____
- _____
- _____

- _____
- _____
- _____
- _____
- _____

Daily Journal

Homework

-
-
-
-
-
-
-
-

Today's Date: _____

Today

Daily Tasks

- _____
- _____
- _____
- _____
- _____
- _____
- _____

"Cast [a]thy burden upon Jehovah, and he will sustain thee: He will never suffer the righteous
to be moved."
-Psalms 55:22

For next time...

- _____
- _____
- _____
- _____
- _____

- _____
- _____
- _____
- _____
- _____

Daily Journal

Homework

-
-
-
-
-
-
-
-

Today's Date: _____

Today

Daily Tasks

- _____
- _____
- _____
- _____
- _____
- _____
- _____

Prayer Declaration:
Today is filled with promises.

For next time...

- _____
- _____
- _____
- _____
- _____

- _____
- _____
- _____
- _____
- _____

Daily Journal

Homework

-
-
-
-
-
-
-
-

Today's Date: _____

Today

Daily Tasks

- _____
- _____
- _____
- _____
- _____
- _____
- _____

"Humble yourselves therefore under the mighty hand of God, that he may exalt you in due time."
-1 Peter 5:6

For next time...

- _____
- _____
- _____
- _____
- _____

- _____
- _____
- _____
- _____
- _____

Daily Journal

Homework

-
-
-
-
-
-
-
-

Today's Date: _____

Today

Daily Tasks

- _____
- _____
- _____
- _____
- _____
- _____
- _____

Prayer Declaration:
Today is going to be a great day!

For next time...

- _____
- _____
- _____
- _____
- _____

- _____
- _____
- _____
- _____
- _____

Daily Journal

Homework

-
-
-
-
-
-
-
-

Today's Date: _____

Today

Daily Tasks

- _____
- _____
- _____
- _____
- _____
- _____
- _____

"casting all your anxiety upon him, because he careth for you."
-1 Peter 5:7

For next time...

- _____
- _____
- _____
- _____
- _____

- _____
- _____
- _____
- _____
- _____

Daily Journal

Homework

-
-
-
-
-
-
-
-

Today's Date: _____

Today

Daily Tasks

- _____
- _____
- _____
- _____
- _____
- _____
- _____

Prayer Declaration:
The love of God will overwhelm me today.

For next time...

- _____
- _____
- _____
- _____
- _____

- _____
- _____
- _____
- _____
- _____

Daily Journal

Homework

-
-
-
-
-
-
-
-

Today's Date: _____

Today

Daily Tasks

- _____
- _____
- _____
- _____
- _____
- _____
- _____

"There is no fear in love, but perfect love drives out fear..."
-1 John 4:18

For next time...

- _____
- _____
- _____
- _____
- _____

- _____
- _____
- _____
- _____
- _____

Daily Journal

Homework

-
-
-
-
-
-
-
-

Today's Date: _____

Today

Daily Tasks

- _____
- _____
- _____
- _____
- _____
- _____
- _____

Prayer Declaration:
I have been chosen and appointed by God.

For next time...

- _____
- _____
- _____
- _____
- _____

- _____
- _____
- _____
- _____
- _____

Daily Journal

Homework

-
-
-
-
-
-
-
-

Journal Prompts:

Below are suggestions to begin your daily journaling. You are most welcome to begin any other way that is not listed here.

If today could be another day of the week, I'd make it _____, because…
Today I realized that I like…
Today, I discovered…
Today I realized how much I don't like…
I chose this career, because…
Today, I learned that my students…
Today, I felt overwhelmed, because….
Today was difficult, because…
Today was a great, because…
The highlight of my day was…
The worst part of today was…
One thing I'd change about today is…
A good way to get over the events of today is…
Today, I did something different. I…
I made it through today…
Tomorrow, I look forward to…
Choose a positive statement and about yourself and write it 5 times to encourage yourself.
How could things have gone better today?
How could things have turned out worse today?
I am absolutely furious…
I'm happy that…
One of my favorite moments this week was…
Another teacher helped me today by…
I was helpful to another teacher when I…
It made me quite uncomfortable when…
Today, my students taught me
I will bless the Lord at all times….(write a psalm of praise)
It is a good thing for me to give thanks to the Lord…(write a psalm of praise).

www.ingramcontent.com/pod-product-compliance
Lightning Source LLC
Chambersburg PA
CBHW081410080526
44589CB00016B/2520